苏 淳 审校
北京启蒙町玩具有限公司 编著

BLOCKS AND MATH FOR KIDS

积木游戏与数学启蒙

中国科学技术大学出版社

内容简介

本书基于教育部2001年颁布的《幼儿园教育指导纲要》，结合蒙台梭利数学教育的方法，将学习目标分成了探索、发展、进阶和挑战四个阶段，通过家长示范、孩子自我操作练习的方式实现数学早期教育。借助一种具体的道具——积木，来让孩子在动手操作的过程中，产生具象的数学感知。

本书适合想要为孩子提供数学启蒙教育的家长或老师参考使用。

图书在版编目（CIP）数据

积木游戏与数学启蒙/北京启蒙町玩具有限公司编著. —合肥：中国科学技术大学出版社，2020.9（2023.1重印）
ISBN 978-7-312-05049-7

Ⅰ.积… Ⅱ.北… Ⅲ.数学课—教学研究—学前教育 Ⅳ.G613.4

中国版本图书馆CIP数据核字(2020)第143152号

JIMU YOUXI YU SHUXUE QIMENG

出版	中国科学技术大学出版社
	安徽省合肥市金寨路96号,230026
	http://press.ustc.edu.cn
	https://zgkxjsdxcbs.tmall.com
印刷	合肥市宏基印刷有限公司
发行	中国科学技术大学出版社
经销	全国新华书店
开本	880 mm×1230 mm 1/32
印张	6.125
字数	137千
版次	2020年9月第1版
印次	2023年1月第5次印刷
定价	42.80元

写给家长的话

在本书中,我们希望能借助积木,协助您用一种放松和归零的心态来引导孩子进入数学这个庞大学科的启蒙阶段。

数学是研究空间、数量、结构及其变化的科学。在很多人的印象中,数学就是抽象的算术或者单纯的几何运算,这其实也是很多家长对数学的一个误解。世界著名的幼儿教育思想家玛丽亚·蒙台梭利博士曾在《有吸收力的心灵》中指出,大多数人对数学有一种"心理障碍",认为数学既抽象又难学,但事实是儿童觉得数学学习困难,并不是因为数学的抽象,而是成人提供的错误方法所致。孩子从出生开始,就无时无刻不在感知着这个世界,比如婴儿时期的作息时间,幼儿时期对身边事物的感知,这些其实都渗透着与数学相关的知识。蒙台梭利认为,儿童最初的数学心智表现在出生以后对周围生活环境秩序特有的敏感力,从最初的判断事物之间量的差异、对周围事物进行分类到计数能力、运算能力、空间能力等的发展都展示了儿童越来越成熟的数学心智。通过与周围事物的互动,儿童不断地在环境中主动吸收他们所需要的数学经验。

在本书中，我们希望能通过一种具体的道具——积木，来配合各个家庭进行早期数学启蒙教育。用动手操作产生的具体感知，来"中和"中国传统数学教育中过于抽象的问题。在孩子通过积木来感知数学概念的过程中，我们建议家长：

① 注重孩子的感官训练。不要把数学抽象化，而要把数学具体化，让孩子看得见，摸得着。

② 不可"拔苗助长"。数学是一个系统的学科，孩子对数学的认知需要反复练习，循序渐进，要多些耐心和趣味的引导。

③ 多拓展。结合日常生活中的具体事物，加深孩子对数学概念的认知，同时又将孩子对数学概念的认知运用在对周围事物的认知上，以满足孩子的好奇心和求知欲。

学习目标及操作

蒙台梭利认为，数学教育最直接的目标是借助生活化的教具，结合儿童生活经验，在系统的操作练习中形成数学逻辑知识概念，建构数学知识经验。

我国教育部2001年颁布的《幼儿园教育指导纲要》中将数学教育纳入科学领域，并明确提出了教育的总目标，强调儿童兴趣和能力的发展，注重数学教育中儿童的自我探究。

本书基于我国学前教育大纲，结合蒙台梭利数学教育的方法，将学习目标分成了探索、发展、进阶和挑战四个阶段。必须要再次强调，在数学的启蒙教育中，家长们要注重个体差异，并要注重循序渐进和反复的引导，来帮助孩子适应和强化对数学知识的感知和吸收。

本书的核心是，参照蒙台梭利的数学教育方法，通过家长示范、孩子自我操作练习的方式实现数学早期教育。为了引起孩子的兴趣，家长应多尝试用游戏的方式进行引导，建立并保持轻松的互动氛围，避免生硬、强制的教学方式，避免使用批判或攻击性语言。

我们建议实际操作分三个步骤进行：

① 家长先做一遍示范。在示范过程中要注意吸引孩子的兴趣，带动孩子参与。

② 引导孩子自己做一遍（方法同①）。引导过程中要注意多和孩子沟通，确认他们理解的程度。

③ 结合现实生活中的事物，用游戏的方式引导孩子完成游戏拓展部分的学习目标，更直观地促进孩子更好地理解对应概念。

本书用到的积木	
图　形	名　称
	正方形积木
	长方形积木
	三角形积木
	半圆形积木
	圆形积木

分阶段学习目标：探索	
分类、对应和模式	按物体的颜色和形状进行分类
	将相关的物体一一对应匹配
	用一一对应的方法比较两组物体的多少
	找出物体排列的简单规律（根据规律，补充积木）
数的认识和运算	从1数到5
	用积木表现出"1"和"许多"的关系
	手口一致点数物体，并说出总数
	按数量取物
量和测量	区分物体的大小、多少、高矮、长短、轻重
	按物体的大小、长短排序
几何图形	认识圆形、正方形和三角形
	区分不同形状的物体
空间关系	理解上下、左右、前后、里外关系

分阶段学习目标：发展	
分类、对应和模式	按物体的形状、颜色和数量进行分类
	认识二维排列中的行和列
数的认识和运算	认识从1到10的数字，能用数字表示事物的数量
	发现物体排列的简单模式
	通过数数比较多少，理解数与数之间的关系
量和测量	区分物体的粗细、厚薄、轻重
	按物体的粗细、高矮进行排序
	首尾相接摆放单位量并进行长度的自然测量
几何图形	按常见几何图形的基本特征对物体进行分类
	识别立体图形上的平面图形
	认知长方形、梯形和三角形的各种变式
	组合图形或创意拼搭，理解组合替代的关系
空间关系	用积木表示上下、里外、旁边、前后、中间等方位
	用积木表示物体的位置和运动方向
	应用平移、旋转和翻转完成造型拼搭

分阶段学习目标:进阶	
分类、对应和模式	从物体的多个角度对其进行分类
	自己定一个标准对物体进行分类
	运用对应法,自制简单地图
数的认识和运算	学习10以内的单双数、相邻数
	学习倒数、接数、按群计数
	学习10以内数的分解组合,体验数的包含和互补关系
	学习10以内数的加法、减法
量和测量	按物体的长短、大小、正逆进行排序
	重复使用一个单位量进行长度的自然测量
几何图形	认识长方体、正方体、圆柱体并认知其结构
	了解图形的对称性,并学习等分图形
	用几何图形拼搭物体,用立体图形拼搭三维造型
空间关系	能辨别自己和他人的左右
	能自主创造简单的模型并完成拼搭

分阶段学习目标：挑战
了解倍数和乘法的基本概念
了解分数和除法的基本概念
了解平方数的基本概念
了解立方数的基本概念

目录
CONTENTS

i 写给家长的话

iii 学习目标及操作

001 探索

045 发展

107 进阶

165 挑战

BLOCKS AND MATH

FOR KIDS

一、分类、对应和模式

1. 按物体的颜色进行分类

方法一：直接分类

① 使用下图中的6块积木,将它们混在一起。

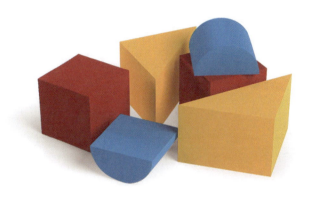

② 根据颜色的不同把积木分成3组。

方法二：找相同

使用1块红色积木■，引导小朋友把其他的红色积木找出来。

方法三：找不同

使用6块积木，其中5块是相同颜色的，另外1块是不同颜色的，让小朋友找出不同颜色的积木。

> ### 😊 游戏拓展：帮家长找东西
>
> 让小朋友帮家长做一些事情，可以培养孩子的自信心和积极性。使用1块任意颜色的积木，让小朋友帮家长找出与这个积木颜色一样的东西（例如水果、蔬菜、衣服等）。

2. 按物体的形状进行分类

方法一：直接分类

① 使用4块积木，其中两两相同。

② 将形状相同的放在一起。

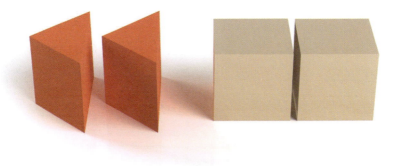

方法二：按图找积木

家长准备白纸，制作正方形、三角形、长方形的图形卡，让小朋友找出和卡片上图形形状相同的积木。

方法三：找相同

随机选1块积木，让小朋友找出另一块和它形状相同的积木。

> **游戏拓展：找出家里形状相近的物体**
>
> 使用1块长方形或圆形的积木，让小朋友找出和这块积木形状相近的物体（例如电视机是长方形的，盘子是圆形的）。

3. 将相关的物体一一对应匹配

方法一:数与量的对应

① 家长准备白纸,制作从1到5的点数卡。

② 根据卡片上的圆点数将相应数量的积木放在卡片下方(不限颜色和形状)。

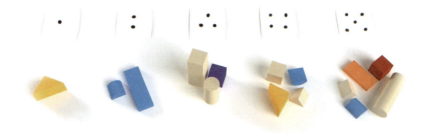

方法二:颜色的对应

随机选择3块不同颜色的积木一字排开,让小朋友分别找出和它们颜色相同的积木放在旁边(不限形状)。

方法三:形状的对应

随机选择3块不同形状的积木一字排开,让小朋友分别找出和它们形状相同的积木放在旁边(不限颜色)。

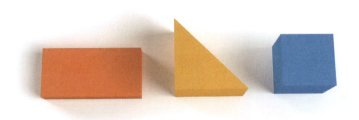

游戏拓展：分东西

家长准备3张白纸，分别画上爸爸、妈妈和孩子。再用3张白纸分别画上与爸爸、妈妈和孩子密切相关的物品（例如与爸爸相关的是汽车，与妈妈相关的是口红，与孩子相关的是玩具），让小朋友把这些代表物品的纸片放在相应的人物纸片旁边。

4. 用一一对应的方法比较两组物体的多少

方法一:重叠法

① 将4块黄色圆形积木 ● 和5块原木色正方形积木 ■ 分别排开。

② 将两组积木一一叠放,完成后会发现正方形积木多了1块,或者说圆形积木少了1块。通过比较强化小朋友对多少的认知。

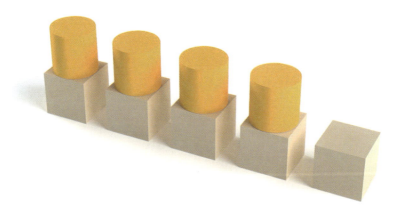

方法二:分配法

家长准备1张白纸,画上5个圆圈,再给小朋友4块积木,让他/她分别在每个圆圈里放1块积木,最后小朋友会发现有1个圆圈里没有积木。

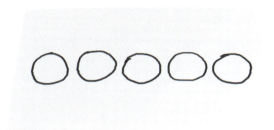

方法三:配对法

先拿1块黄色圆形积木 ● 和1块橙色三角形积木 ▲,再将两块积木组成一个"小蘑菇"作为示例。给小朋友4块黄色圆形积木 ● 和3块橙色三角形积木 ▲,让小朋友将积木组合成和示例一样的"小蘑菇"。最终小朋友手里会多1块圆形积木。反之,也可以多给三角形积木,少给圆形积木,最终小朋友手里会多1块三角形积木。

游戏拓展：分水果

1. 准备好比家里人数多一个数量的水果，然后让小朋友分给家里人。最后会多出一个水果。

2. 准备好比家里人数少一个数量的水果，然后让小朋友分给家里人。最后会有一个人没分到水果。

让小朋友从实际生活中更直观地理解多和少。

5. 找出物体排列的简单规律（根据规律，补充积木）

方法一：AB模式

按照下图摆放积木，并根据AB模式的规律，补充剩余积木。

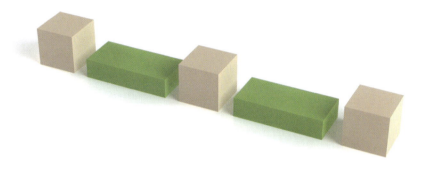

方法二：ABB模式

按照下图摆放积木，并根据ABB模式的规律，补充剩余积木。

方法三：递增模式

按照下图摆放积木，并根据递增模式的规律，摆放下一组积木。

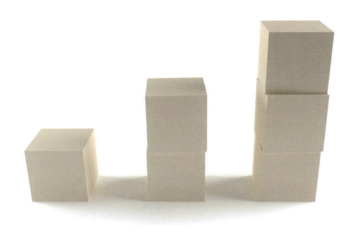

 游戏拓展：卖水果

假设我们现在要在商店卖水果，家长先为小朋友示范一下水果是怎么排列的（例如一个苹果，一个香蕉，一个苹果，一个香蕉，然后再放一个苹果），让小朋友根据规律，摆放下一个水果。

二、数的认识和运算

1. 从1数到5

方法一：对应数数

① 家长准备白纸，制作从1到5的数字卡。

② 将与数字卡对应数量的积木放在数字卡下方，摆好后，分别数出每张数字卡下方积木的数量，需手口一致。

方法二:数积木

用1块长方形积木和4块三角形积木拼搭出一棵"松树",让小朋友数出这颗"松树"一共用了多少块积木,需手口一致。

方法三:数颜色

将彩色的5块积木混在原木色的积木里,让小朋友从中数出彩色的积木,需手口一致,边拿边数。

探索

 游戏拓展：数家人

家人聚集在一起的时候，让小朋友数一数家里一共有多少个人。如果数不出来，父母可以示范一遍再让孩子数。

2. 用积木表现出"1"和"许多"的关系

方法一：直接比较法

① 将1块积木和一堆积木分开放在两边，指给小朋友并告诉小朋友："左边是1块积木，右边是许多积木。"

② "许多"是由很多"1"组成的，它是一个范围，不是具体的数目，下图也是"1"和"许多"。

方法二：颜色比较法（颜色可自选）

将1块红色积木和许多黄色积木分别放在两边。指着红色积木告诉小朋友："红色积木有1块。"再指着黄色积木告诉小朋友："黄色积木有许多。"

方法三：形状比较法（形状可自选）

将1块三角形积木和许多正方形积木分别放在两边。指着三角形积木告诉小朋友："三角形积木有1块。"再指着正方形积木告诉小朋友："正方形积木有许多。"

游戏拓展：变魔术

将纸片折叠起来剪一个小动物，先给小朋友看重合时候的样子，问："现在有几个小动物？"（引导回答：1个。）然后告诉小朋友："现在妈妈（爸爸）要变魔术了！"将重叠的纸片分开，再问小朋友："现在有几个小动物？"（引导回答：许多。）让小朋友在游戏中认识"1"和"许多"。

3. 手口一致点数物体，并说出总数

方法一：颜色点数法（颜色可自选）

① 使用6块以内两种不同颜色（例如黄色和原木色）的积木（两种积木的比例可自行决定）。

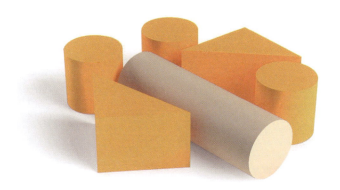

② 让小朋友数数有多少块黄色的积木。然后将黄色积木边数边放在一边，需手口一致并报出总数。再问他/她："有多少块原木色的积木？"需手口一致并报出总数。

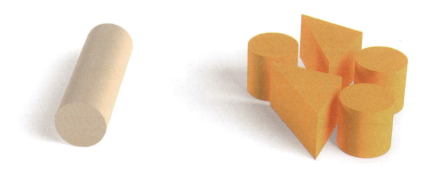

方法二:形状点数法(形状可自选)

将5块三角形积木混在一堆正方形积木里,让小朋友手口一致数出这堆积木里有几块三角形积木。

方法三:指定点数法

随机选择5块积木拿在手里,让小朋友数一数手里一共有多少块三角形积木。

 游戏拓展:数水果

拿出家里常见的一种水果,让小朋友帮妈妈(爸爸)数一下一共有多少个,数的时候边数边放到一边,数完了要告诉家长一共有多少个。

4. 按数量取物

方法一：直接取物

① 家长准备白纸，制作写有"5"的数字卡。

② 按数字卡上的数字取出对应数量的积木，不限颜色和形状（也可以根据小朋友的能力，加上形状、颜色要求来取物）。

方法二：按形状取物

家长拿出1块积木，让小朋友找出另外5块与它形状相同的积木，边拿边数。

方法三：按颜色取物

家长拿出1块积木，让小朋友找出另外5块与它颜色相同的积木，边拿边数。

游戏拓展：帮家长找东西

准备一些水果、零食作为商品，和小朋友玩一个买东西的游戏，家长当顾客，小朋友当售货员。家长来买东西："我要3个苹果"或"我要5块糖果"。让小朋友拿对应数量的东西给家长。在此过程中，可以让小朋友更好地理解和掌握按量取物。

三、量和测量

1. 区分物体的大小

方法一：相同形状比较大小

将2块形状相同、大小不一的积木并排放在一起,比较它们的大小。比较的时候指着较大的积木告诉小朋友:"这块积木大。"指着较小的积木告诉小朋友:"这块积木小。"

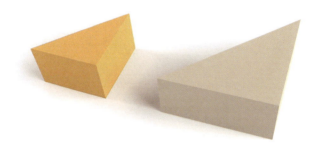

方法二：不同形状比较大小

将2块形状不同、大小不一的积木并排放在一起,比较它们的大小。比较的时候指着较大的积木告诉小朋友:"这块积木大。"指着较小的积木告诉小朋友:"这块积木小。"

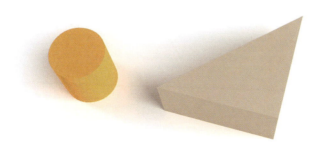

游戏拓展：找最大和最小

准备4个大小不一的水果，让小朋友分别找出最大和最小的水果。在这个过程中，需要比较的对象增加到了4个，可以加深小朋友对大小的理解，提升小朋友比较大小的基础能力。

2. 区分物体的多少

方法一：按形状区分

使用5块颜色相同的积木，按形状不同分为两部分，一边多一边少。在区分的时候指着多的那部分告诉小朋友："这种形状的积木多。"指着少的那部分告诉小朋友："这种形状的积木少。"

方法二：按颜色区分

使用5块形状相同的积木，按颜色不同分为两部分，一边多一边少。在区分的时候指着多的那部分告诉小朋友："这种颜色的积木多。"指着少的那部分告诉小朋友："这种颜色的积木少。"

游戏拓展：比一比

比一比家里不同种类的水果或玩具的多少，按种类将水果或玩具进行分类（例如将香蕉放在一起，苹果放在一起，比一比香蕉和苹果谁多谁少；或者将毛绒玩具放在一起，小汽车玩具放在一起，比一比毛绒玩具和小汽车玩具谁多谁少）。

3. 区分物体的高矮

方法一：相同形状比较

使用一高一矮2块形状相同的积木,竖着并排放在一起进行比较。比较的时候指着积木说出哪块积木高,哪块积木矮。

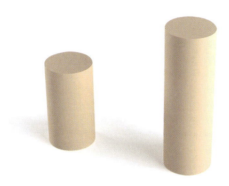

方法二：不同形状比较

使用一高一矮2块形状不同的积木,竖着并排放在一起进行比较。比较的时候指着积木说出哪块积木高,哪块积木矮。

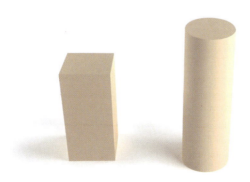

游戏拓展：比高矮

比一比家里的人谁最高，谁最矮。可以动员爷爷奶奶、外公外婆等都一起参与，家庭成员比较多，气氛热闹欢快，小朋友会更乐于参与，这有利于小朋友对高矮的认知和掌握。

4. 区分物体的长短

方法一：相同形状比较

使用一长一短2块形状相同的积木，横着并排放在一起进行比较。比较的时候指着积木说出哪块积木长，哪块积木短。

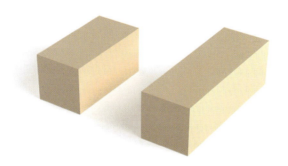

方法二：不同形状比较

使用一长一短2块形状不同的积木，横着并排放在一起进行比较。比较的时候指着积木说出哪块积木长，哪块积木短。

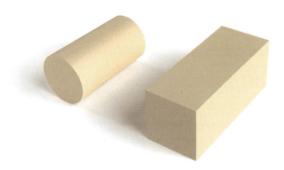

游戏拓展：手指游戏

　　手指并拢，选择不同的手指让小朋友比较长短。先选择相互挨着的手指比较，再选择不挨着的手指比较。加深小朋友对长短的理解。

5. 区分物体的轻重

方法一：不同大小的区分

选2块大小相差较大的积木，在手上掂量，说出哪块轻，哪块重。

方法二：不同数量的区分

选几块形状和大小都完全相同的积木，分为不同的数量，分别放在两只手上，掂量后说出哪边轻，哪边重。

游戏拓展：感知轻重

在生活中，我们可以利用很多东西来让小朋友感知轻重（例如大小不一的水果，材质不一的玩具，一杯水和半杯水，这些都可以让小朋友尝试用手掂量来感受它们的重量）。

6. 按物体的大小排序

方法：相同形状排序

使用3块形状相同、大小不一的积木，按从大到小或从小到大的顺序进行排序。

🍼 游戏拓展：给小动物选房子

在一张纸上画出3只大小不同的动物，再在另一张纸上画出3个分别跟这些动物大小对应的三角形，代表动物们的房子，让小朋友帮小动物找到适合自己的家。

7. 按物体的长短排序

方法：长短不同排序

使用2块形状相同、长度不同的长方形积木和1块正方形积木，按长度从长到短叠放排序。

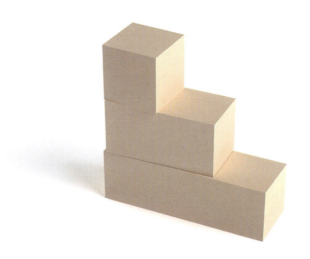

😊 游戏拓展：摆鞋子

将家庭成员的家用拖鞋打乱放在一起，让小朋友按照鞋子的长短顺序排列好。别忘了在孩子完成后给他/她一个大大的鼓励，让他/她感受到自己做了很有价值的事情。

四、几何图形

1. 认识圆形、正方形和三角形

方法一：描摹认知

① 家长准备3张白纸，分别制作圆形、正方形、三角形的图形卡，并告知小朋友图形卡上各种图形的名称。

② 找出和卡片上的图形形状相同的积木。

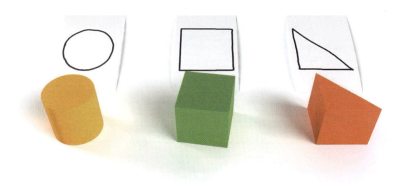

方法二：找相同

家长使用一块圆形积木，告诉孩子："这是一块圆形的积木，现在我们要从积木盒里找一块和它形状相同的积木，并把它们放在一起。"也可换成正方形或三角形积木，按此方法让小朋友寻找相同的积木。

 游戏拓展：用几何图形画房子

引导小朋友用圆形、正方形还有三角形来画一个房子，用三角形作为房顶，正方形作为墙壁，圆形作为窗户。让小朋友感知形状在我们的生活中无处不在。

2. 区分不同形状的物体

方法一：直观区分

① 家长使用5块不同形状的积木，依次排成一排，分别说出每块积木的形状，比如："这块积木是正方形的。"

② 让小朋友按家长放好的积木，逐个寻找相同的积木放在这排积木的下方，边放边说出每块积木的形状。

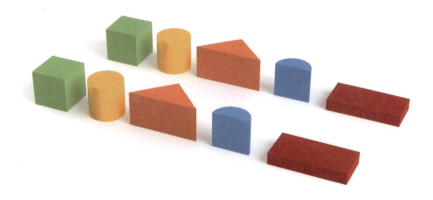

方法二：单个区分

家长使用5块形状不同的积木（可参考上页图），说出每块积木的形状，比如："这块积木是正方形的。"在认识完所有的积木后，从中随机拿出1块，问小朋友："这是什么形状的积木？"

游戏拓展：找出家里的几何图形

随机找出家里的一种物品（例如圆形的盘子），让小朋友找出和它形状相同的物品。

五、空间关系

1. 理解上下、左右、前后关系

方法:参照物举例

① 使用1块原木色正方形积木 ▇ 作为参照物。

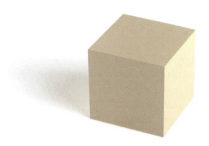

② 再拿出1块黄色圆形积木 ●,分别放在参照物积木的上面、下面、左面、右面、前面、后面。放的同时说出方位,比如:"黄色积木在原木色积木的上面。"

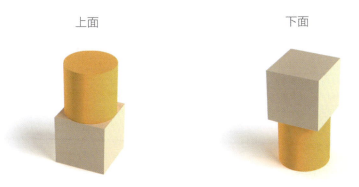

上面　　　　　　　　　　下面

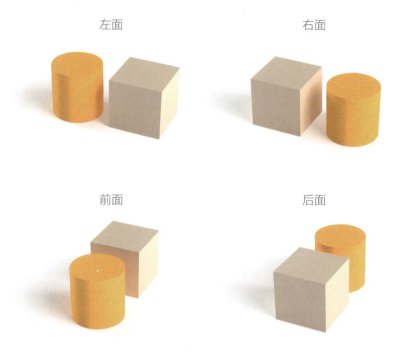

左面　　　　　右面

前面　　　　　后面

游戏拓展：方位接龙

家长和小朋友各自寻找一个玩偶或其他物品来指代自己，运用家里的桌椅和柜子，在"自己"的上下、左右、前后位置分别放上其他的物品，以接龙的形式来完成这个识别方位的游戏。家长按照顺序先说："我的上面是……"，小朋友接龙："我的上面是……"，家长又说："我的下面是……"，小朋友接龙："我的下面是……"，以此类推，把上下、左右、前后都说一遍。

2. 理解里外关系

方法一：参照物举例

① 使用4块长方形积木拼成一个方框,将这个方框作为参照物。

② 使用1块绿色正方形积木 ■ 放在这个方框的里面/外面。放的同时说出方位:"绿色积木在方框里面/外面。"

方法二：直观对比

① 使用4块长方形积木拼成一个方框，将这个方框作为参照物。

② 使用2块不同颜色的积木，1块放在方框里面，1块放在方框外面。放的同时说出方位："绿色积木在方框里面，红色积木在方框外面。"

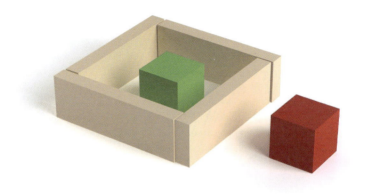

😊 游戏拓展：找出爱吃的食物

将孩子平时喜欢吃的和不喜欢吃的食物都放在桌上。找一个盘子或者小篮子，告诉孩子把喜欢吃的放在盘子（篮子）里面，不喜欢吃的放在盘子（篮子）外面。

发展

发展

一、分类、对应和模式

1. 按物体的形状、颜色进行分类

方法：逐步分类

① 使用下图中的积木（一共7块）。

② 将上图中的7块积木按形状分类，分类的同时说出积木的数量和形状，比如"这是2块圆形积木""这是1块正方形积木""这是2块长方形积木""这是2块三角形积木"。

③ 再将这7块积木按颜色分类,分类的同时说出积木的数量和颜色,比如"这是2块红色积木""这是1块橙色积木""这是1块绿色积木""这是3块黄色积木"。

④ 最后将这7块积木中颜色和形状都相同的选出来放在一起,同时说明:"这是2块颜色和形状都相同的黄色圆形积木。"

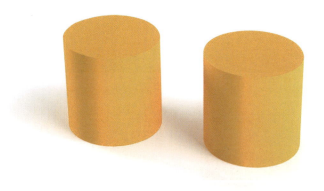

游戏拓展：比一比

比一比家里不同种类水果的多少，按种类将水果进行分类（例如将香蕉放在一起，苹果放在一起，比一比香蕉和苹果谁多谁少）。

2. 按物体的数量进行分类

方法:逐步分类

① 使用下图中的积木(一共11块)。

② 将上图中的11块积木按形状分类。

③ 将上图中按形状分好类的积木再按数量进行分类,分好后按数量顺序说出各类积木的形状及数量,比如"长方形积木有1块""圆形和正方形积木都有2块""三角形和半圆形积木都有3块"。

游戏拓展:逛超市

带小朋友一起逛超市,去超市之前先列好一份购物清单(例如1瓶生抽,1包盐;2个苹果,2个桃子;3瓶酸奶,3盒饼干)。到超市后,让小朋友帮忙按照购物清单拿取商品,在结账时,按数量从少到多结账,先结1件的商品,再结2件的商品,最后结3件的商品。

3. 认识二维排列中的行

方法:数数法

① 使用4块红色正方形积木 ▉,将它们排成一行。排好之后对小朋友说:"这是一行红色正方形积木。数一数,这行红色正方形积木一共有多少块呢?"

② 使用5块橙色三角形积木 ▲,将它们排成一行,放在正方形积木下面。排好之后对小朋友说:"这是一行橙色三角形积木。数一数,这行橙色三角形积木一共有多少块呢?"

③ 使用4块黄色圆形积木 ●,将它们排成一行,放在三角形积木下面。排好之后对小朋友说:"这是一行黄色圆形积木。数一数,这行黄色圆形积木一共有多少块呢?"

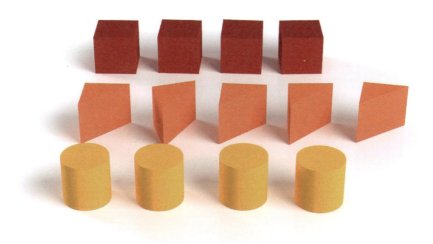

④ 排列完积木后,家长以问答的方式帮小朋友加深对行的理解:

• 现在桌上有几行积木?

手口一致地指出:"第1行是红色正方形积木,第2行是橙色三角形积木,第3行是黄色圆形积木。一共有3行积木。"

• 三角形积木在第几行?

手口一致地指出:"三角形积木在这里,这里是第2行。"

• 第3行积木是什么颜色的?

手口一致地指出:"第3行积木在这里,它们是黄色的。"

4. 认识二维排列中的列

方法：数数法

① 使用4块绿色正方形积木 ■，将它们排成一列。告诉小朋友："刚才横着排列的积木，我们叫作行；现在这样竖着排列的积木，我们叫作列。这是一列绿色正方形积木。"

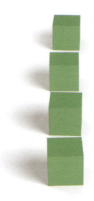

② 使用4块黄色圆形积木 ●，将它们在绿色正方形积木 ■ 的右边排成一列。手口一致地说明："从左到右，绿色正方形积木是第1列，黄色圆形积木是第2列。"

③ 使用4块橙色三角形积木 ▲，在黄色圆形积木 ● 的右边将它们排成一列。手口一致地说明："从左到右，橙色三角形积木是第3列。"

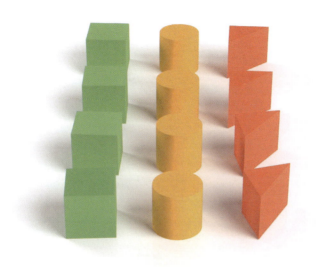

④ 保留以上积木，家长以问答的方式帮小朋友加深对行和列的理解：

• 这里一共有几列积木？几行积木？

手口一致地指出："1、2、3，一共有3列积木；1、2、3、4，一共有4行积木。"

• 第2列积木是什么形状的？第3列积木是什么颜色的？

手口一致地回答："第2列积木是圆形的，第3列积木是橙色的。"

• 第3行第2列的积木是哪一块？把它拿出来。

手口一致地回答："这是黄色的圆形积木。"同时将它拿出来。

游戏拓展:帮积木回家

拿一张A4纸,在上面画上5行5列的格子。分别拿出5块颜色不同的积木,为这5块积木设定行和列的坐标(例如红色积木在第1行第3列的格子里,黄色积木在第4行第1列的格子里),让小朋友帮这5块积木找到属于它们自己的"家"。

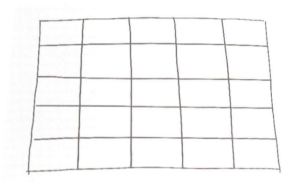

二、数的认识和运算

1. 认识从1到10的数字,能用数字表示事物的数量

方法:对应法

家长准备白纸,制作从1到10的数字卡。让小朋友拿出与图中数字卡相对应的积木。比如先拿出数字卡"1"放在桌上,并告诉小朋友:"这张卡片上的数字是1,拿出1块蓝色正方形积木 ■ 放在它的下面吧。"小朋友拿积木的同时要数出积木的数量,然后放到相对应的数字卡下面。后面的数字卡以此类推。

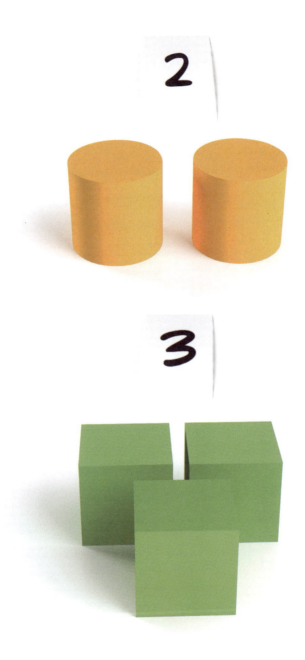

6

7

积木游戏与数学启蒙

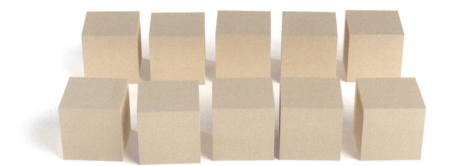

游戏拓展：连线游戏

在两张A4纸上分别写上从1到5的数字和从6到10的数字，并按照下图画出相对应的物体。让小朋友把数字和对应数量的物体连接起来。

2. 发现物体排列的简单模式

方法：拼房子

① 我们要用积木来拼一座小房子，首先把需要的积木数量、颜色和形状告诉小朋友，让小朋友边拿边数数，每一种积木数完后要说出总数。

1块红色正方形积木 ■

2块黄色圆形积木 ●

3块绿色正方形积木 ■

4块黄色三角形积木 ◢

5块紫色正方形积木 ■

6块蓝色半圆形积木 ◗

7块原木色等边三角形积木 ▲

8块橙色三角形积木 ◢

9块原木色长方形积木 ▬

10块原木色正方形积木 ■

② 将准备好的积木按照下图的样式拼成一座房子,房子拼完后,从上往下数出每一行积木的数量。

> ### 游戏拓展:数数接龙
>
> 家长和小朋友一起数数,从1数到10。家长说一个数,小朋友接下一个数。比如家长说"1",小朋友接着数"2",然后家长再接着数"3",直到数到10为止。也可以数两个数,比如家长说"1,2",小朋友接着数"3,4",直到数到10为止。

3. 通过数数比较多少,理解数与数之间的关系

方法:一一对应

① 让小朋友使用下图中的积木。

② 将黄色圆形积木 ● 作为参照物,用一一对应的方式分别与红色正方形积木 ■、绿色正方形积木 ■ 和蓝色正方形积木 ■ 比较数量的多少,并提问:

黄色圆形积木 ● 和红色正方形积木 ■ 分别有多少块?哪个多?多几块?

(黄色圆形积木有2块,红色正方形积木有3块。红色正方形积木多,比黄色圆形积木多1块。)

黄色圆形积木 🟡 和绿色正方形积木 🟩 分别有多少块？哪个少？少几块？

（黄色圆形积木有2块，绿色正方形积木有1块。绿色正方形积木少，比黄色圆形积木少1块。）

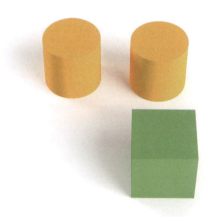

黄色圆形积木 🟡 和蓝色正方形积木 🟦 分别有多少块？哪个多？哪个少？

（黄色圆形积木有2块，蓝色正方形积木有2块，它们数量相同，一样多。）

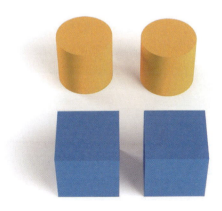

游戏拓展：做运动

家长和小朋友一起做一些简单的运动(例如跳、拍手等)。家长可以先做,然后要求小朋友接下来做的次数要比家长多几个(例如妈妈跳了2下,孩子比妈妈多2下,那么可以引导孩子先跳2下,再跳2下)。如果孩子对多几个的理解已经很熟练了,可以循序渐进加上少做几个的环节。

三、量和测量

1. 区分物体的粗细、厚薄、轻重

方法：对比法

① 粗细对比

使用下图中的圆形积木作为参照物，和家里的圆柱形物品进行对比。引导小朋友认知粗细的形态和概念。

与笔进行对比，让小朋友观察它们谁粗谁细。引导小朋友说出笔比积木细。

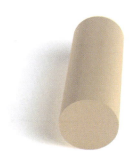

与杯子进行对比，让小朋友观察它们谁粗谁细。引导小朋友说出杯子比积木粗。

② 厚薄对比

使用下图中的积木，将中间绿色长方形积木 ▬ 作为参照物与原木色长方形积木 ▬ 和橙色长方形积木 ▬ 做厚薄的对比。

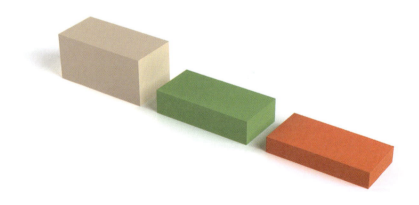

发展

将绿色长方形积木 ▬ 和原木色长方形积木 ▬ 进行对比,让小朋友比一比两块积木的薄厚,引导小朋友说出原木色积木厚,绿色积木薄。

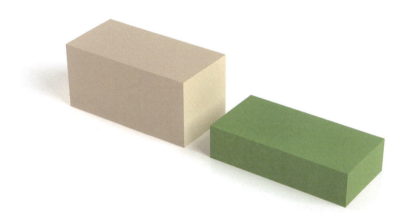

将绿色长方形积木 ▬ 和橙色长方形积木 ▬ 进行对比,让小朋友比一比两块积木的薄厚,引导小朋友说出绿色积木厚,橙色积木薄。

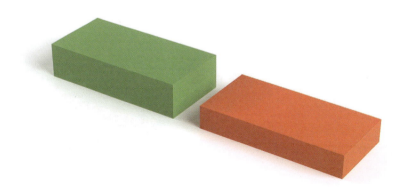

③ 轻重对比

使用下图中的积木,作为感知轻重的参照物。

将参照物积木和不同数量的红色长方形积木 ▬ 分别搁在左右手上感知它们的重量差异。

参照物积木比对比积木重

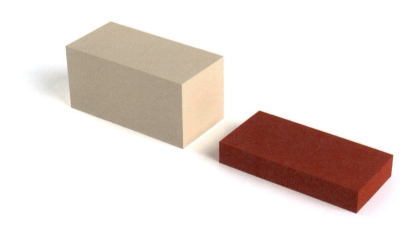

参照物积木和3个对比积木一样重

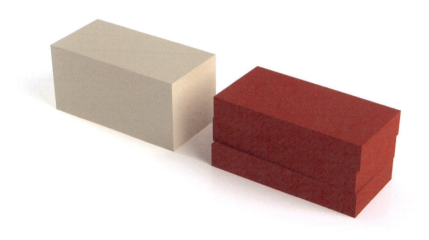

参照物积木比5个对比积木轻

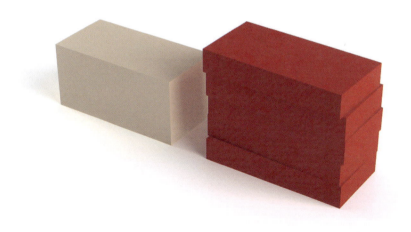

> **游戏拓展：比一比**
>
> 　　家长和小朋友做一个"比一比"的小游戏，比较一下身体的某些部分（例如和妈妈或爸爸比一比谁的胳膊粗，谁的胳膊细；谁的手掌厚，谁的手掌薄；还可以借助体重秤比一比谁的体重重，谁的体重轻）。

2. 按物体的粗细进行排序

方法：对比法

① 使用下图中的圆形积木。

② 从家里找出其他圆柱形物品，让小朋友由粗到细排序。排序完成后让小朋友观察圆柱底部的圆形的大小，引导小朋友理解并说出底部圆形大的圆柱物品粗，底部圆形小的圆柱物品细。

圆柱形物品粗细排序举例：水杯＞喷雾＞圆形积木＞唇膏＞笔

3. 按物体的高矮进行排序

方法：对比法

使用与下图相同的圆形积木，由高到矮进行排序。

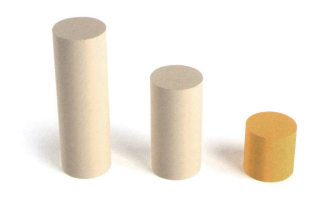

> **游戏拓展：全家总动员**
>
> 　　小朋友和爸爸妈妈一起比一比个子（也可以邀请爷爷、奶奶或外公、外婆加入），大家按照从高到矮的顺序排队。比完个子以后，再来比一比腿的粗细，大家按照腿从粗到细的顺序排队。

4. 首尾相接摆放单位量并进行长度的自然测量

方法：等量测量

① 使用1块正方形积木作为测量工具。

② 使用1块长方形的积木作为测量对象。

③ 用正方形积木开始测量长方形积木的长、宽、高。每测量一次要做好标记,下一次要从上一次的标记处开始测量。

长度的测量

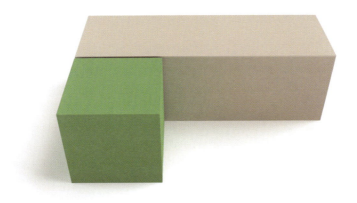

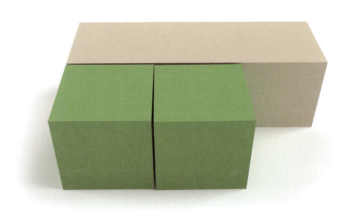

长方形积木的长度等于3个正方形积木的长度

宽度的测量

长方形积木的宽度等于1个正方形积木的宽度

高度的测量

长方形积木的高度等于1个正方形积木的高度

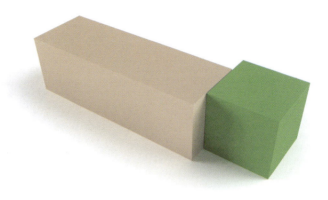

除了用上图中的正方形积木进行测量,我们还可以更换其他的积木作为测量工具。测量工具的长短会影响测量的次数,测量工具越长,测量的次数越少;测量工具越短,测量的次数越多。

 游戏拓展:趣味测量

随机选择一块积木(也可以引导小朋友挑一块自己喜欢的积木)作为测量工具,让小朋友去测一测家里的书、玩具、杯子以及自己感兴趣的物品。

四、几何图形

1. 按常见几何图形的基本特征对物体进行分类

方法：对应法

① 家长准备白纸，制作半圆形、三角形、圆形、正方形和长方形的图形卡，放在桌子上排成一排。排好后引导小朋友说出每一个几何图形的名称。如遇到小朋友不认识的形状，请家长告诉小朋友该形状的名称。

② 使用下图中的积木。让小朋友观察并说出它们分别是什么形状的。

③ 引导小朋友将积木按形状摆在对应的图形卡的下方。

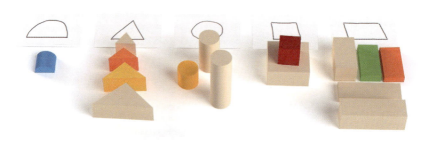

游戏拓展：手指魔术

用手指来模拟出几何图形的形状：

半圆形

发展

正方形

长方形

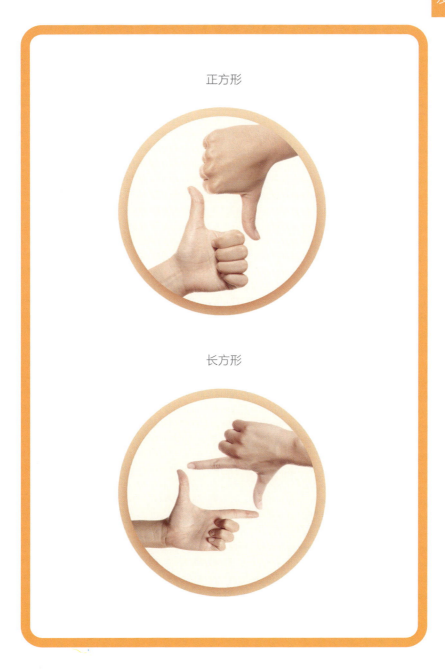

圆形

三角形

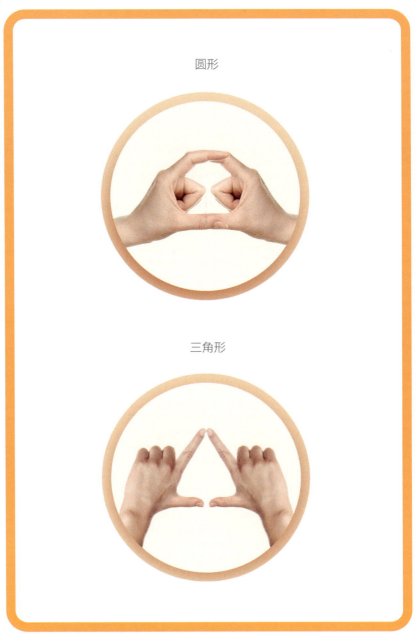

发展

2. 识别立体图形上的平面图形

方法：观察法

① 使用下图中的积木，让小朋友数一数每块积木有多少个面，分别是什么形状。

② 红色正方形积木（正方体）有6个面，都是正方形。

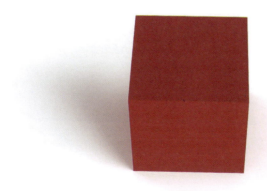

③ 原木色长方形积木(长方体)有6个面,4个面是长方形,2个面是正方形。

④ 绿色长方形积木(长方体)有6个面,都是长方形。

⑤ 原木色三角形积木(三棱柱)有5个面,其中2个面是三角形,3个面是正方形。

⑥ 橙色三角形积木(三棱柱)有5个面,其中2个面是三角形,2个面是正方形,1个面是长方形。

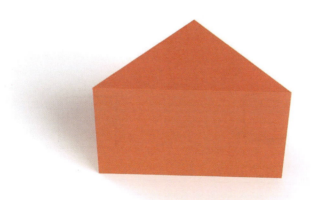

3. 认识长方形、梯形的各种变式

方法：对应法

① 使用下图中的积木，按图摆放。告知小朋友这些积木都是长方形。让小朋友初步认知长方形的概念和形态。

② 家长准备白纸，制作长方形和正方形的图形卡。

③ 让小朋友选择和积木形状相同的卡片放在积木上面。

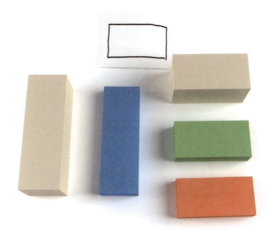

④ 将其他积木收回,只留1块原木色长方形积木,再拿出2块下图中的三角形积木。

⑤ 家长准备白纸，制作等腰梯形和直角梯形的图形卡。引导小朋友按照卡片上的图形用第④步图中的积木拼出两种不同的梯形，初步认知梯形的概念和形态。

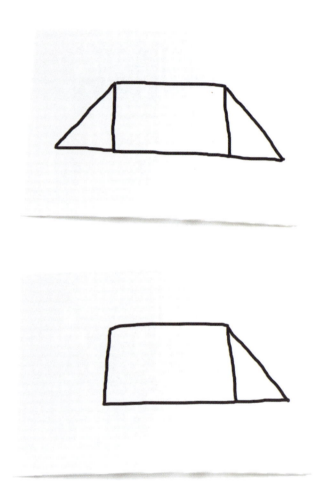

4. 认识三角形的各种变式

方法：比较法

① 使用下图中的三角形积木。告知小朋友这些积木的顶面和底面都是三角形。让小朋友初步认知三角形的概念和形态。

② 再将3块积木按下图摆放。先让小朋友观察左边2块积木的3条边是否一样长。引导小朋友认知左边的2块三角形积木同样都是有2条边一样长，而另外1条边的长度跟这2条边不一样，我们把这种三角形叫作等腰三角形。然后再观察右边1块积木和左边2块积木有什么不同。引导小朋友认知右边的三角形积木的3条边是一样长的，我们把这种三角形叫作等边三角形。

游戏拓展：找一找

家长给小朋友做示范，找一找家里有哪些东西上有长方形、正方形、圆形、三角形和梯形，再引导小朋友自己找一找。

5. 组合图形或创意拼搭，理解组合替代的关系

方法：创意组合

① 使用下图中的积木。

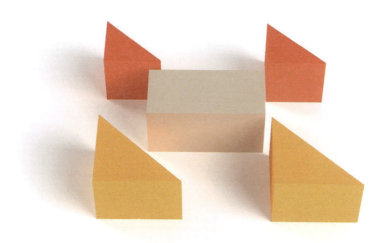

② 用这些积木组合拼搭成别的图形或者物体。

2个相同大小的三角形可以拼成1个正方形

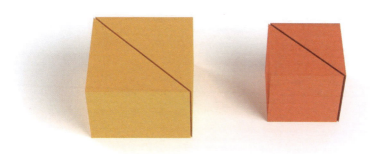

1个长方形和2个三角形可以拼成1个梯形

1个长方形和2个三角形可以拼成1个六边形

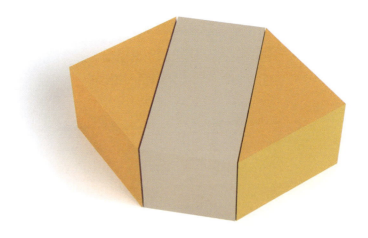

发展

4个三角形和1个长方形可以拼成一棵"树"

1个三角形和1个长方形可以拼成一座"小房子",
其他3个三角形还可以拼成高低起伏的"山"

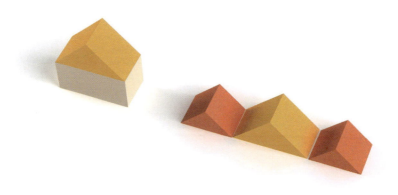

游戏拓展：创意拼搭

在完成上面指定积木的创意拼搭以后，小朋友也可以选择其他的积木来拼搭更多有创意的图形和物体。

五、空间关系

1. 用积木表示上下、里外、旁边等方位

方法:虚拟现实

① 使用下图中的积木,并按下图拼搭成一幅画。在搭建过程中给小朋友讲解这幅画里都有什么。

原木色三角形积木 ▲ 和原木色长方形积木 ▬ 搭了一座"小房子",
黄色圆形积木 ● 是天空中的"太阳",
蓝色半圆形积木 ◗ 是小朋友睡觉的"小床",
绿色正方形积木 ■ 和紫色正方形积木 ■ 是路边的"花园"

② 在探索篇我们已经学习过物体的方位,现在我们用问答的方式引导小朋友说出各物体的方位:

• 太阳在房子的什么方位?

(太阳在房子的上面,更准确地说是在房子的右上方。)

• 房子在太阳的什么方位?

(房子在太阳的下面,更准确地说是在房子的左下方。)

• 小床在房子的什么方位?

(小床在房子的里面。)

• 绿色的花园在房子的什么方位?

(绿色的花园在房子的外面,也可以说在房子的旁边,更准确地说是在房子的左边。)

• 紫色的花园在房子的什么方位?

(紫色的花园在房子的外面,也可以说在房子的旁边,更准确地说是在房子的右边。)

> 发展

2. 用积木表示前后、中间等方位

方法：虚拟现实

① 使用下图中的积木，并按下图拼搭成一幅画。在搭建过程中给小朋友讲解这幅画里都有什么。

后面的2块橙色三角形积木 ▲ 和1块黄色三角形积木 ▲ 是"山"，
中间的2块原木色圆形积木 ● 和1块原木色长方形积木 ▬ 搭了一座"桥"，
前面的1块原木色长方形积木 ▬ 和1块黄色三角形积木 ▲ 搭的是一棵"树"

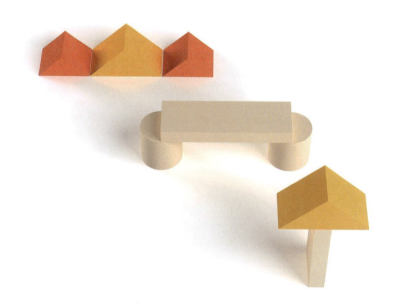

② 在探索篇我们已经学习过物体的方位,现在我们用问答的方式引导小朋友说出各物体的方位:

- 山在桥的什么方位?

(山在桥的后面,更准确地说是在桥的左后方。)

- 树在桥的什么方位?

(树在桥的前面,更准确地说是在桥的右前方。)

- 黄色的山峰在两座橙色的山峰的什么方位?

(黄色的山峰在两座橙色的山峰的中间。)

发展

3. 用积木表示物体的位置和运动方向

方法：虚拟现实

使用下图中的积木，并按图摆放。黄色圆形积木 ● 代表天空中的"太阳"，2块原木色三角形积木 ▲ 是"山"。引导小朋友观察太阳的运动方向。

早晨的时候，太阳从东方升起（带过即可），
它在山的右边（更准确地说是在山的右上方）

中午的时候，太阳升到了山的上方，
这是一天中温度最高的时候

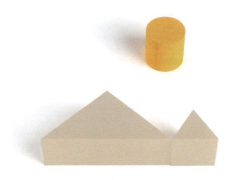

晚上的时候,太阳从西边落下了,它在山的左边。太阳每天都从山的右边升起,慢慢地爬到山的上方,再慢慢地下降,直到从山的左边落下

 游戏拓展:站位游戏

和小朋友一起做一个站位游戏,家长说方位(例如说"请站在我的左前方"),小朋友来站位。等小朋友比较熟悉以后,让小朋友说方位,家长来站位。

4. 应用平移、旋转和翻转完成造型拼搭

方法一：平移法

① 使用下图中的积木，并按图摆放。

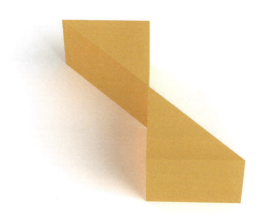

② 引导小朋友用平移的方法将它们重新组合成正方形。

方法二:旋转法

① 使用下图中的积木,并按图摆放。

② 引导小朋友旋转上图中的的三角形积木,把图形变成"鱼"的造型。

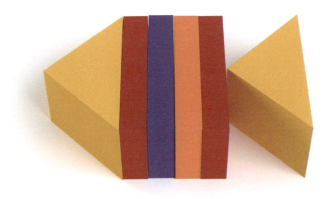

方法三:翻转法

① 使用下图中的积木,并按图摆放。

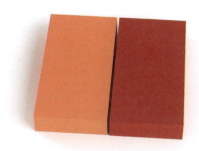

② 引导小朋友翻转橙色的积木,组合成一张"长椅"。

游戏拓展：积木变风车

引导小朋友分别用平移、旋转和翻转来探索。

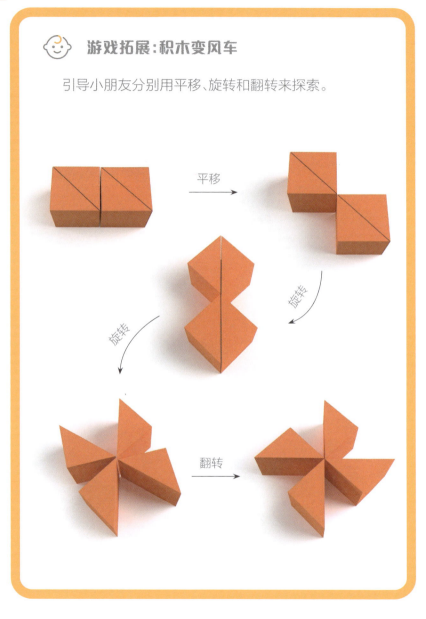

一、分类、对应和模式

1. 从物体的多个角度对其进行分类

方法：区别分类

① 使用下图中的积木。

② 按照以下特征对上图中的积木进行分类。

按彩色和原木色进行分类

按形状进行分类

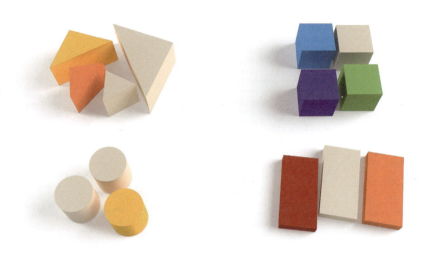

按颜色进行分类

游戏拓展：整理衣橱

带着小朋友一起整理他/她的小衣橱吧，可以按颜色、季节、上衣或裤子等分门别类整理一下。

2. 自己定一个标准对物体进行分类

方法:引导示范

① 使用下图中的积木。

② 让小朋友观察上图中的积木,并引导他/她自己找一个标准将它们进行分类。

按颜色进行分类

按形状进行分类

😊 游戏拓展：学习分类整理

让小朋友整理一下自己的玩具，引导他/她找一个标准将玩具进行分类（例如相同材质的放一起，相同颜色的放一起等）。

3. 运用对应法，自制简单地图

方法：对应法

① 使用下图中的积木，作为地图中的4种元素。

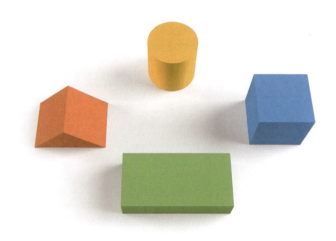

② 找一张白纸，中间画一条线代表街道，然后画上积木的形状并告诉小朋友它们所表示的建筑：

三角形积木是小朋友的"家"；

正方形积木是一座"高楼"；

长方形积木是"树"；

圆形积木是"公园"。

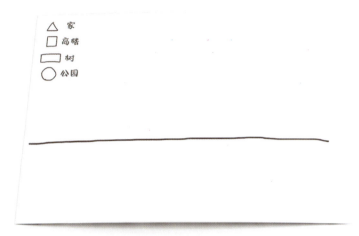

③ 先把代表"家"的橙色三角形积木摆放好,再引导小朋友将其他积木放在相应的位置,这样一幅简单的家门口的街景地图就完成了。

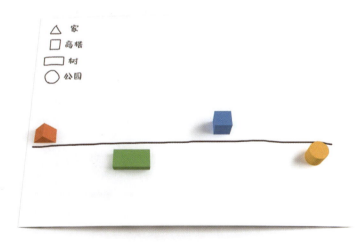

游戏拓展：自制地图

用积木自制一幅学校门口的街景地图。

➕ 二、数的认识和运算

1. 学习10以内的单双数

方法：代入比较

① 家长准备白纸，制作从1到10的数字卡。

<pre>
  1   2   3   4   5

  6   7   8   9   10
</pre>

② 使用下图中的积木，和数字卡一起按下图摆放。

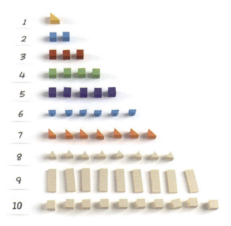

③ 将每一行的积木,2个2个地分开,看看哪些数字卡后面的积木刚好分完,哪些数字卡后面的积木会多出1个。

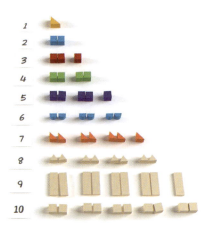

④ 将多出1个积木那行的数字卡摆放在右边,然后看一看,左边是哪些数字,右边是哪些数字。左边的数字就是偶数,右边的数字就是奇数。

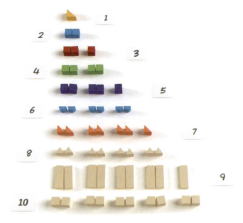

游戏拓展：单双数分类

在学习完奇偶数以后，将数字卡收起来。让小朋友再重新摆放一下，左边放偶数，右边放奇数。

2	1
4	3
6	5
8	7
10	9

2. 学习10以内的相邻数

方法：代入比较

① 家长准备白纸，制作从1到6的数字卡，将卡片排序打乱，排成一行。

② 使用下图中的积木，让小朋友在数字卡上摆放相应数量的积木。

③ 让小朋友按照摆放好的积木的高度，从低到高排序。

④ 引导小朋友观察这些积木。2块绿色正方形积木 ■ 的"邻居"是1块蓝色半圆形积木 ◗ 和3块黄色圆形积木 ●，"1"比"2"少1个，"3"比"2"多1个，满足这种关系的数就叫作相邻数。再来看，5块橙色三角形积木 ▲ 的"邻居"是4块红色正方形积木 ■ 和6块紫色正方形积木 ■，"4"比"5"少1个，"6"比"5"多1个，所以"4"和"6"是"5"的相邻数。

游戏拓展：找"邻居"

家长准备白纸，制作从1到10的数字卡，让小朋友来找找它们的相邻数分别是哪些数字。

进阶

3. 学习倒数

方法：观察比较

① 家长准备白纸，制作从1到7的数字卡，让小朋友使用和下图相同的积木对照着数字卡从1数到7。

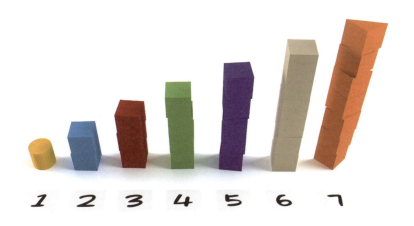

② 让小朋友把数字卡和积木按从7到1的顺序摆放，积木摆放好以后，让小朋友对照着数字卡从7数到1，数完以后观察积木数量的变化，引导小朋友发现积木是逐个减少的。这种从多到少逐个减少的数数方法就叫倒数。倒数的时候数字是逐一减少的。

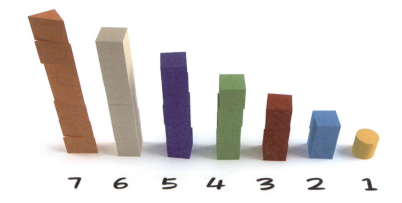

 游戏拓展：数数

让小朋友从1数到10，再从10倒数到1。

4.学习接数

方法:数数接龙

① 家长和小朋友一起玩一个从1到10的接龙数数游戏。家长数1,然后放1块积木(积木盒里的积木都可用,不限形状和颜色)。

② 小朋友接着数2,在后面放上2块积木。

③ 家长接着数3，按顺序放上3块积木。

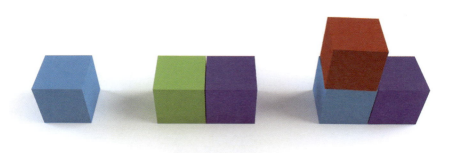

④ 小朋友接着数4，按顺序放上4块积木。

⑤ 家长接着数5,按顺序放上5块积木。

 游戏拓展:接数练习

家长随便说1个数,然后让小朋友说出后面的2个数。等小朋友熟练了以后,也可以让小朋友说1个数,家长接数。

5. 按群计数

方法:推理

① 使用下图中的积木,让小朋友数数一共有多少块。(10块)

② 让小朋友把积木按颜色分类,然后2块2块地(按颜色成对)再数一下一共有多少块积木。(10块)

③ 使用下图中的积木。(10块)

④ 让小朋友用2块2块一起数的方法数一数一共有多少块积木。(10块)

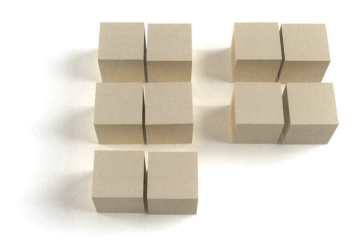

游戏拓展:数鞋子

用按群计数的方法让小朋友数数鞋柜里一共有多少只鞋。

6. 学习10以内数的分解组合，体验数的包含和互补关系

方法：图示法

使用下图中的积木，并按图摆放。让小朋友分别数一数上下两部分积木的数量，引导小朋友了解分解组合：把1个数字分解成2个或2个以上的数，就叫作数的分解；把2个或2个以上的数字合成1个，就叫作数的组合。

"2"的分解组合：
1个"2"可以分成2个"1"，
2个"1"可以组成1个"2"

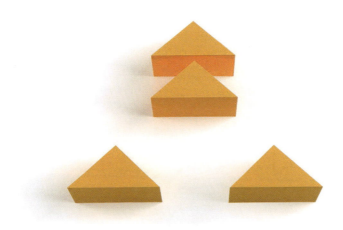

"3"的分解组合:

1个"3"可以分成1个"1"和1个"2",

1个"1"和1个"2"可以组成1个"3"

"4"的分解组合:

1个"4"可以分成2个"2",

2个"2"可以组成1个"4"

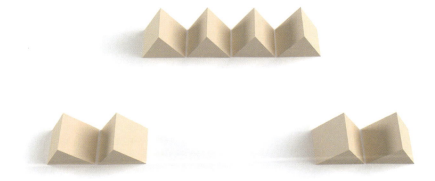

1个"4"还可以分成1个"1"和1个"3",
1个"1"和1个"3"可以组成1个"4"

"5"的分解组合:
1个"5"可以分成1个"3"和1个"2",
1个"3"和1个"2"可以组成1个"5"

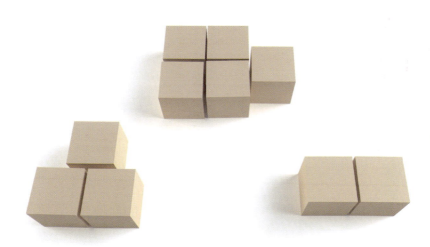

1个"5"还可以分成1个"4"和1个"1",
1个"4"和1个"1"可以组成1个"5"

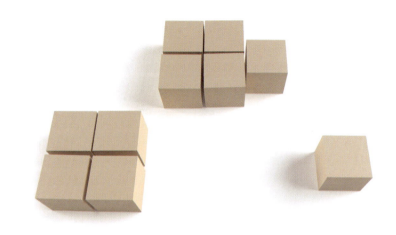

"6"的分解组合:
1个"6"可以分成2个"3",
2个"3"可以组成1个"6"

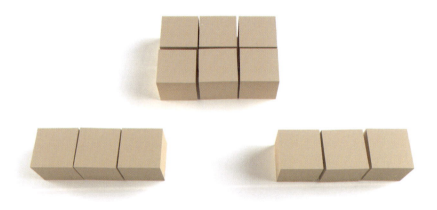

1个"6"还可以分成1个"2"和1个"4",
1个"2"和1个"4"可以组成1个"6"

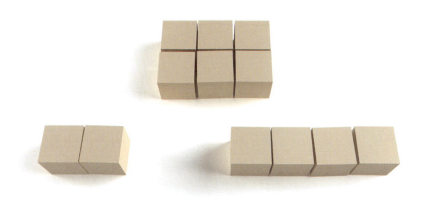

1个"6"还可以分成1个"1"和1个"5",
1个"1"和1个"5"可以组成1个"6"

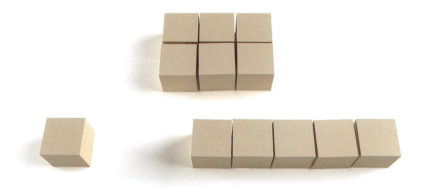

游戏拓展：分苹果

引导小朋友将6个苹果分成2组，看看一共有几种分法。

7. 学习10以内数的加法

方法：图示法

使用下图中的积木，把它当作砌墙的砖。现在我们要砌一堵墙。需要增加砖的数量。每增加一次砖，让小朋友分别数一数：原来有多少块砖？现在增加了多少块砖？现在一共有多少块砖？

原来有1块砖，

现在又增加了1块砖，

1加1是2，

现在一共有2块砖

原来有2块砖，

现在又增加了1块砖，

2加1是3，

现在一共有3块砖

原来有3块砖，

现在又增加了2块砖，

3加2是5，

现在一共有5块砖

原来有5块砖,
现在又增加了3块砖,
5加3是8,
现在一共有8块砖

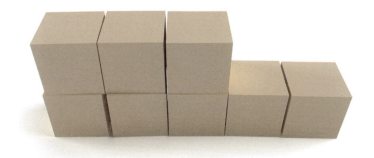

8. 学习10以内数的减法

方法：图示法

使用下图中的积木，并按图摆放。逐个拿走圆柱上的黄色积木，让小朋友分别数一数：原来有多少块黄色积木？拿走了多少块黄色积木？还剩下多少块黄色积木？

进阶

原来有4块黄色积木，
拿走了1块，
4减去1是3，
还剩下3块黄色积木

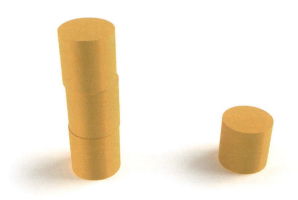

原来有3块黄色积木，
拿走了1块，
3减去1是2，
还剩下2块黄色积木

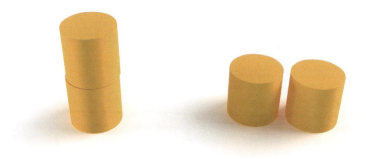

原来有2块黄色积木，

拿走了1块，

2减去1是1，

还剩下1块黄色积木

游戏拓展：数一数

家长和小朋友各有3个苹果，然后家长将手中的苹果又分给小朋友一些（数量自行决定），让小朋友数一数：重新分配以后他/她一共有多少个苹果？多了几个苹果？重新分配后家长一共有多少个苹果？少了几个苹果？

> 进阶

三、量和测量

1. 按物体的长短、大小、正逆进行排序

方法：对比法

① 使用下图中的积木。

② 让小朋友按照从短到长的顺序排序。

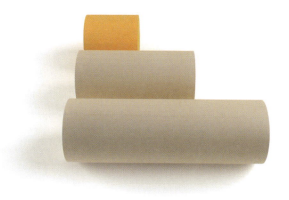

③ 再按照从长到短的顺序排序。

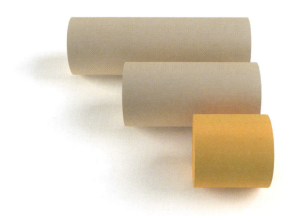

④ 使用下图中的积木。

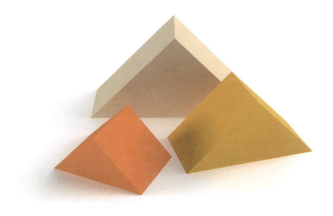

⑤ 让小朋友按照从小到大的顺序排序。

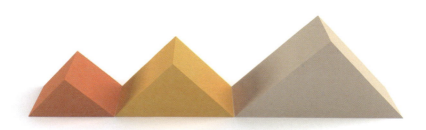

⑥ 再按照从大到小的顺序排序。

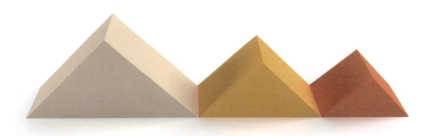

游戏拓展：数字卡排序

家长准备白纸，制作从1到10的数字卡，让小朋友先按照从小到大的顺序给数字卡排序，再按照从大到小的顺序排序。

2. 重复使用一个单位量进行长度的自然测量

方法：对比法

① 使用1块正方形积木作为测量工具。

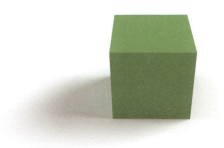

② 找出不同的测量对象，分别测量。

黄色圆形积木有1个绿色正方形积木这么长

黄色三角形积木最长的一条边有2个绿色正方形积木这么长

原木色长方形积木有3个绿色正方形积木这么长

游戏拓展：测量小专家

让小朋友试一试如何用手指来测量长度吧。

四、几何图形

1. 认识长方体、正方体、圆柱体并认知其结构

方法：分类识别

① 使用下图中的积木。

② 引导小朋友辨认：它们哪些是圆柱体？哪些是正方体？哪些是长方体？并把它们分类（以下为正确的分类，如果小朋友分类错误也不用着急纠正，先进入下一步）。

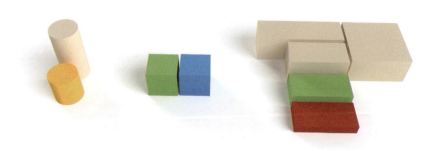

③ 分类结束后,来认识一下圆柱体、正方体和长方体各自的特征。

圆柱体是由2个底面和1个侧面组成的,
2个底面都是圆形,侧面是曲面

正方体是由6个完全相同的正方形围成的立体图形,
它最大的特点就是每个面都是一样大的正方形

长方体也是由6个面组成的,相对的面是一样大的,可能有2个面是正方形,其他4个面是长方形,也可能6个面都是长方形

游戏拓展:找一找

找一找家里有没有圆柱体、正方体和长方体形状的东西。

2. 了解图形的对称性，并学习等分图形

方法：图示法

① 使用1块长方形积木。试想一下，我们如何把它分成2个形状、大小完全相同的图形？

② 我们想象把长方形积木的一面从正中间竖着切成两半，用图中的2块绿色积木 ▬ 来代表切开的样子。

翻转后,2块绿色长方形积木  可以完全重合,说明长方形是一个对称图形,切开的这条线就是对称轴

③ 再想象将长方形积木的一面从正中间横着切成两半,用图中的2块原木色积木 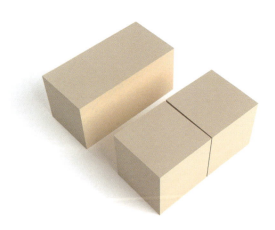 来代表切开的样子。

翻转后，2块原木色正方形积木可以完全重合，说明这条线也是长方形的对称轴

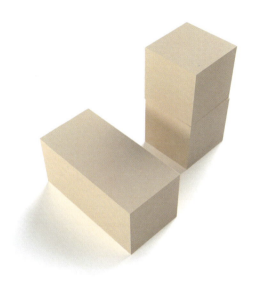

④ 再来等分一下正方形。沿着对角线，正方形被分成了2个大小、形状都相同的三角形。

翻转后，2块三角形积木可以完全重合，说明正方形也是对称图形

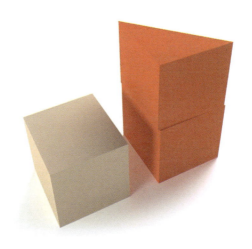

⑤ 将圆形从中间切开，分成了2个大小、形状都相同的半圆形。

翻转后,2块半圆形积木可以完全重合,说明圆形也是对称图形

> 进阶

😊 游戏拓展:折纸游戏

家长和小朋友一起将纸剪成正方形、长方形、圆形、三角形等形状,然后看一看怎么折能将其分成大小和形状都相同的两部分。

3. 用几何图形拼搭物体，用立体图形拼搭三维造型

方法：组合法

使用下图中的积木，并按照图片开始搭建吧。

小船

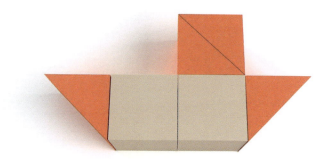

金鱼

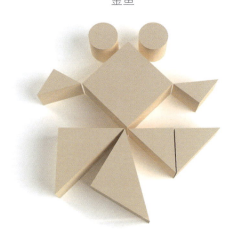

进阶

小汽车

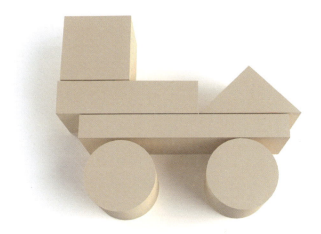

😊 游戏拓展：创意拼搭

试试用积木拼出更多有趣的造型吧。

五、空间关系

1. 能辨别自己和他人的左右

方法：代入法

① 使用下图中的 5 块积木，按下图摆放，其中绿色正方形积木 ■ 代表"我"，其他颜色的正方形积木代表"他人"。4 个"人"都面对着中间的积木。

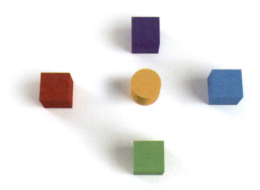

② 在"我"和"他人"旁边分别放一块原木色三角形积木 ▲。

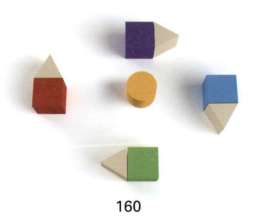

③ 在"我"和"他人"另一边分别放一块橙色三角形积木 ▲。

④ 在"我"和"他人"靠圆形积木的一边分别放一块蓝色半圆形积木 ◗。

⑤ 在"我"和"他人"后面分别放一块黄色圆形积木 。

> 😊 **游戏拓展：辨别方位**
>
> 　　在家里或者外面随机找一个人，然后说说这个人的前后左右分别是什么。

2. 能自主创造简单的模型并完成拼搭

方法:示范法

参考图中的拼搭图形,引导小朋友发挥想象力和动手能力,自己创造一个新的模型,并将它拼搭完成。

小房子

小猫

太阳

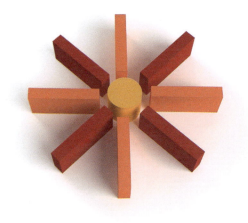

 游戏拓展：创意拼搭

　　试试用积木拼出更多有趣的小动物、交通工具和建筑吧。

一、倍数

1. 2的倍数

① 使用2块小正方形积木并按下图摆放（也可以使用小朋友喜欢的其他颜色或形状的积木），告诉小朋友这是一组积木，一组是2个。

② 增加一组积木，按下图摆放，引导小朋友观察一组积木是2个，两组积木是4个。

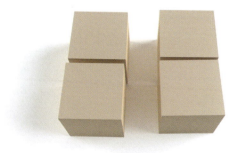

③ 再增加一组积木,引导小朋友说出三组积木是6个。

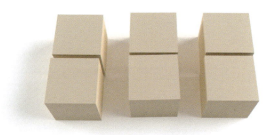

④ 继续增加积木(一直增加到六组),每增加一组,都引导小朋友观察并说出现在有多少组积木,对应的积木数量是多少个。

⑤ 引导小朋友一组一组地来数数:2、4、6、8、10、12,告诉小朋友它们都是2的倍数。

2.3的倍数

① 使用3块小正方形积木并按下图摆放（也可以使用小朋友喜欢的其他颜色或形状的积木），告诉小朋友这是一组积木，一组是3个。

② 增加一组积木，按下图摆放，引导小朋友观察一组积木是3个，两组积木是6个。

③ 再增加一组积木,引导小朋友说出三组积木是9个。

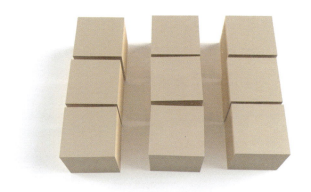

④ 继续增加一组积木,引导小朋友说出四组积木是12个。

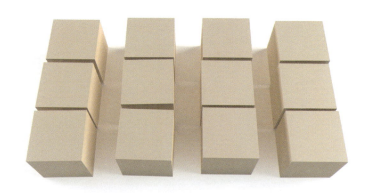

⑤ 引导小朋友一组一组地来数数:3、6、9、12,告诉小朋友它们都是3的倍数。

3. 4的倍数

① 使用4块小正方形积木并按下图摆放(也可以使用小朋友喜欢的其他颜色或形状的积木),告诉小朋友这是一组积木,一组是4个。

② 增加一组积木,按下图摆放,引导小朋友观察一组积木是4个,两组积木是8个。

③ 再增加一组积木,引导小朋友说出三组积木是12个。

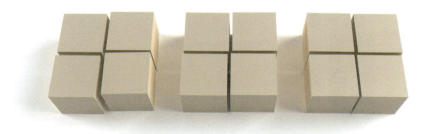

④ 引导小朋友一组一组地来数数:4、8、12,告诉小朋友它们都是4的倍数。

 游戏拓展:分一分

引导小朋友继续观察和拆分不同数量的积木,比如把6块积木分组,如果每组2块可以分成三组,如果每组3块可以分成两组,让小朋友知道6既是2的倍数又是3的倍数。

二、分数

1. 1/2的基本概念

① 想象将下图中的原木色长方形积木 ▬ 横着切分为2个大小、形状都完全相同的图形,用绿色长方形积木 ▬ 代表切开的样子。2块绿色长方形积木组合起来可以变成1块原木色长方形积木,1块原木色长方形积木可以等分成2块一样的绿色长方形积木,所以每一块绿色长方形积木都是原木色长方形积木的1/2。

② 再想象将下图中的原木色长方形积木 ▬ 竖着切分为2个大小、形状都完全相同的图形,用紫色正方形积木 ■ 代表切开的样子。2块紫色正方形积木组合起来可以变成1块原木色长方形积木,1块原木色长方形积木可以等分成2块一样的紫色正方形积木,所以每一块紫色正方形积木都是原木色长方形积木的1/2。

2. 1/3的基本概念

想象将下图中的原木色长方形积木 ▬ 切分为3个大小、形状都完全相同的图形,用红色长方形积木 ▬ 代表切开的样子。1块原木色长方形积木可以等分成3块一样的红色长方形积木,所以每一块红色长方形积木都是原木色长方形积木的1/3。

3. 1/4的基本概念

想象把下图中的原木色长方形积木 ▬ 切分为 4 个大小、形状都完全相同的图形，用橙色三角形积木 ◢ 代表切开的样子。1 块原木色长方形积木可以等分成 4 块一样的橙色三角形积木，所以每一块橙色三角形积木都是原木色长方形积木的 1/4。

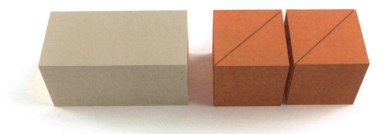

游戏拓展：切柱子

引导小朋友切分下图中的原木色圆形积木 ，把它分为3个大小、形状都完全相同的图形。引导小朋友使用黄色圆形积木 ● 代表切开的样子。每块黄色圆形积木都是原木色圆形积木的1/3。

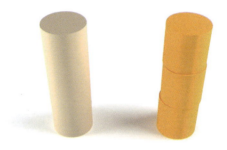

用中间的2块黄色圆形积木 ● 组合起来可以变成1块右边的原木色圆形积木 ●，右边的原木色圆形积木是左边原木色圆形积木的2/3。

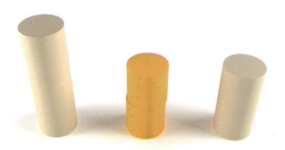

引导小朋友继续切分圆形积木。如果要将原木色圆形积木切分为6个大小、形状都完全相同的图形,应该怎么分?切分后的每一个图形积木又是原木色圆形积木的几分之几呢?

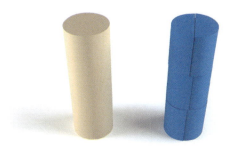

三、平方数

平方数的基本概念

① 使用1块小正方形积木,问一问小朋友这是什么形状的积木,引导小朋友说出积木的形状是正方形。

② 和小朋友一起拼出下图中的正方形,数一数一共需要多少块积木。引导小朋友观察这个正方形,每一边都是2块积木,这个正方形一共有4块积木,4就是一个平方数。

③ 让小朋友独立拼出下图中的大正方形,数一数一共需要多少块积木。引导小朋友观察这个正方形,每一边都是3块积木,这个正方形一共有9块积木,9也是一个平方数。

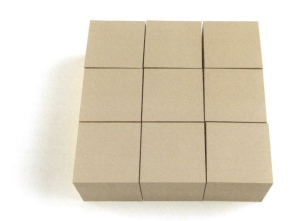

④ 引导小朋友继续用小正方形积木拼出更大的正方形,找到下一个平方数是多少,这个正方形每一边有多少块积木。

游戏拓展：找规律

用绿色正方形积木 、紫色正方形积木 ■ 和原木色正方形积木 □ 拼出下图中的三个正方形。

让小朋友观察第一个小正方形，有1块积木。

让小朋友观察中间的正方形，1块绿色积木+3块原木色积木，有4块积木（4是平方数）。

让小朋友观察最大的正方形，和小朋友一起来数一数，1块绿色积木+3块原木色积木+5块紫色积木，有9块积木（9是平方数）。

引导小朋友观察3个正方形的变化并找出规律，和小朋友一起摆出更大的正方形。如果要摆一个大正方形，每一边都有4块小正方形积木，应该用多少块正方形积木？它的平方数又是多少呢？

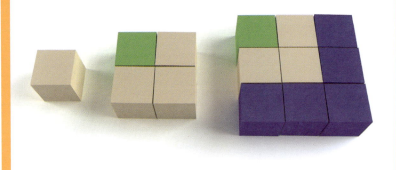

四、立方数

立方数的基本概念

① 使用1块小正方形积木，引导小朋友一起观察这块积木。翻转积木的每个面，告诉小朋友这个立体图形有6个面，从不同的方向看到的每一面都是正方形。像这样用6个正方形的面围起来的立体图形就叫立方体。

② 和小朋友一起拼出下图中的立方体，数一数一共需要多少块积木。拼完图形后，引导小朋友观察这个立方体，它的每一面都是正方形，正方形的每一边都是2块积木，这个立方体一共有8块积木，8就是一个立方数。

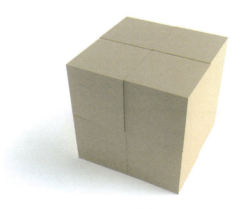

游戏拓展：解密魔方

找出家里的3×3魔方，引导小朋友一起观察魔方，它的每一面都是正方形，正方形的每一边都是3块积木。让小朋友用小正方形积木拼出3×3的大魔方，数一数一共需要多少块积木。问问小朋友，如果我们想把红色积木 ■ 藏起来，使它从外面看不到，这块积木应该放在大魔方的哪个位置？